Crías de elefantes

Julie Murray

Abdo
CRÍAS DE ANIMALES
Kids

abdopublishing.com

Published by Abdo Kids, a division of ABDO, PO Box 398166, Minneapolis, Minnesota 55439.

Printed in the United States of America, North Mankato, Minnesota.

102017

012018

THIS BOOK CONTAINS RECYCLED MATERIALS

Spanish Translator: Maria Puchol

Photo Credits: iStock, Shutterstock

Production Contributors: Teddy Borth, Jennie Forsberg, Grace Hansen

Design Contributors: Christina Doffing, Candice Keimig, Dorothy Toth

Publisher's Cataloging in Publication Data

Names: Murray, Julie, author.

Title: Crías de elefantes / by Julie Murray.

Other titles: Elephant Calves. Spanish

Description: Minneapolis, Minnesota : Abdo Kids, 2018. | Series: Crías de animales | Includes online resources and index.

Identifiers: LCCN 2017945850 | ISBN 9781532106156 (lib.bdg.) | ISBN 9781532107252 (ebook)

Subjects: LCSH: Elephants--Juvenile literature. | Animals--Infancy--Juvenile literature. | Elephants--Behavior--Juvenile literature. | Spanish language materials--Juvenile literature.

Classification: DDC 599.67--dc23

LC record available at https://lccn.loc.gov/2017945850

Contenido

Crías de elefantes

Un elefante recién nacido es una cría.

¡Son crías grandes! Miden tres pies de alto (91.4 cm). Pesan alrededor de 200 libras (90.7 kg).

La cría de elefante se mantiene cerca de la madre. La **manada** la protege.

Se alimenta de leche materna.

En poco tiempo comerá plantas.

La cría de elefante tiene una larga trompa. Con ella se agarra de la cola de su mamá.

La trompa es como si fuera un brazo. Con ella toca a su mamá.

Tiene la piel muy **arrugada**. Eso le ayuda a no pasar calor.

Las crías de elefantes tienen las orejas grandes. Les sirven para darse aire.

Los elefantes crecen lentamente.

¡Pueden vivir hasta 70 años!

¡Mira cómo crece una cría de elefante!

Recién nacido

entre 5-10 años

entre 11-17 años

18 años

Glosario

arrugado
que tiene muchos pliegues.

manada
animales de una especie que viven, se alimentan y se mueven en grupo.

Índice

Abdo Kids ONLINE

FREE! ONLINE MULTIMEDIA RESOURCES

¡Visita nuestra página **abdokids.com** y usa este código para tener acceso a juegos, manualidades, videos y mucho más!

Código Abdo Kids: BEK0024